À ma famille, Philippe, Thibault,
Léo et Ondine, et à Sam, qui m'accompagne
dans toutes mes aventures.
A. T.

Merci *à Isabelle Auby, Thierry Corrège, Anne-Laure Daniau, Stéphanie Desprat, Jacques Giraudeau, Yann Leymarie, Sophie Lardy, Bruce Shillito et Paul Tixier pour leur expertise.*

SURFRIDER FOUNDATION EUROPE

Depuis 1990, Surfrider Foundation Europe protège, sauvegarde et met en valeur les océans et toute la population qui en jouit. L'association agit au quotidien pour lutter contre les atteintes à l'environnement littoral et à ses usagers. Surfrider Europe intervient auprès de tous les acteurs de la société (citoyens, secteur privé, secteur public) principalement sur les thématiques suivantes : les déchets aquatiques, la qualité de l'eau, l'aménagement du littoral et le changement climatique via les leviers d'action : éducation, plaidoyers politiques ainsi que expertise scientifique et juridique.

www.surfrider.eu
www.oceancampus.eu

planète mer

L'association d'Intérêt général **Planète Mer** est née en 2007.
Sa mission : préserver la vie marine et les activités humaines qui en dépendent.
Son maître mot : implication de toutes et tous, petits et grands, à travers un programme de sciences participatives pour la biodiversité du littoral et implication des pêcheurs pour construire la pêche de demain.
Sa devise : l'avenir sera ce que nous en ferons !

www.planetemer.org
www.biolit.fr

Directeur de publication : Frédéric Lavabre - Collection dirigée par Emmanuelle Beulque - Maquette : Xavier Vaidis, Claudine Devey

Dépôt légal : 1er semestre 2019. ISBN : 978-2-37731-231-3 - Achevé d'imprimer en juin 2020 chez Pollina. 94139.

Fondation VEOLIA
MENTION JEUNESSE DU PRIX DU LIVRE ENVIRONNEMENT 2019
www.prixdulivre.veolia.com
SARBACANE

Certifié PEFC
Ce produit est issu de forêts gérées durablement et de sources contrôlées.
PEFC
10-31-2065
pefc-france.org

IMPRIM'VERT®

Ce livre a été imprimé et fabriqué en France par l'imprimerie Pollina certifiée IMPRIM'Vert. Encres à base d'huiles végétales, matériaux respectant l'environnement, papier et carton issus de forêts durablement gérées selon la norme PEFC, conformité aux normes européennes.
Puis il n'a parcouru que 410 km pour être livré à notre distributeur.

AMANDINE THOMAS

OCÉANS

... ET COMMENT LES SAUVER

SARBACANE

ATTENDEZ ! J'AI OUBLIÉ MON MAILLOT !

Nos océans sont pleins de surprises : *des animaux qui brillent, qui volent, qui changent de couleur ; des créatures microscopiques, côtoyant de véritables géants ; des profondeurs vertigineuses encore inexplorées… On estime même que deux tiers des espèces marines restent encore à découvrir ! Sous la surface, chaque être vivant trouve sa place, un équilibre à la fois complexe et fragile.*

Aujourd'hui, cet équilibre est menacé : *par la pollution, la hausse de la température de l'eau, ou encore la disparition de nombreuses espèces marines. Et qui dit océans en péril, dit planète Terre en danger, car ce sont les océans qui régulent le climat autour du globe, et qui produisent la moitié de l'oxygène de notre atmosphère. Sans eux, on ne pourrait plus respirer ! Sans compter que trois milliards de gens dépendent directement des océans pour leur survie !*

Mais pas de panique, sauver les océans, c'est possible. *Tourne la page, et embarque dans un grand voyage autour du monde. Tu vas explorer* ***10 écosystèmes marins :*** *laisse-toi surprendre par les animaux extraordinaires qui y vivent, et découvre comment protéger les océans, les ours polaires, les loutres de mer ou les dauphins, sans même bouger de chez toi !*

AVANT DE COMMENCER

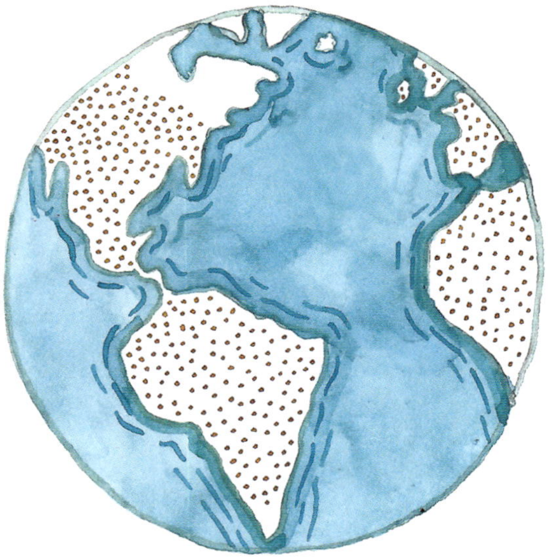

Un océan, c'est une grande étendue d'eau salée. Les océans sont bordés par des mers, plus petites et moins profondes, et sont tous reliés les uns aux autres : on peut donc parler d'un seul océan, qu'on appelle l'Océan mondial.

Au total, les mers et les océans couvrent 71 % de la surface de notre planète ! C'est pour cela qu'on l'appelle la Planète Bleue.

Bien sûr ! L'environnement, c'est l'ensemble des éléments naturels qui entourent les êtres vivants. C'est notre environnement qui fournit les ressources naturelles essentielles à notre survie, comme l'eau, l'air et la nourriture.

Les océans, eux, fournissent de l'oxygène, de la nourriture, et représentent 97 % des réserves d'eau sur Terre. Il faut donc absolument les protéger !

L'écologie est la science qui étudie l'environnement et les interactions entre tous les êtres vivants. Mais il s'agit aussi d'une façon de vivre en équilibre avec la nature, en protégeant notre environnement, justement, et en préservant les ressources naturelles de notre planète.

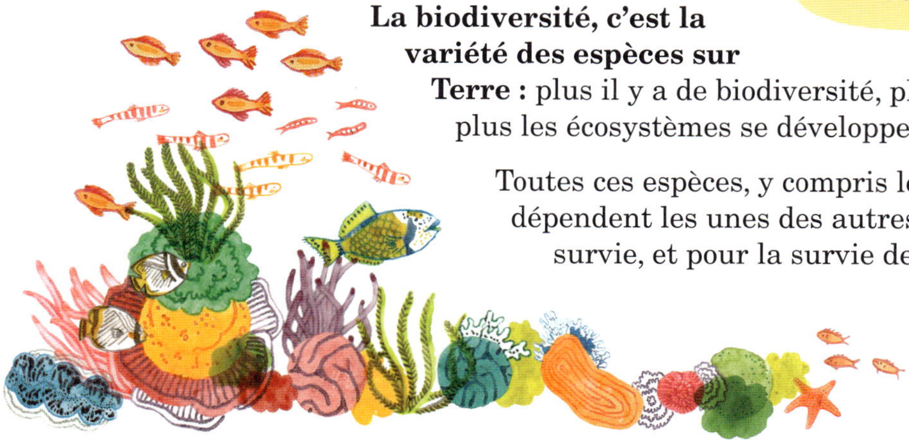

La biodiversité, c'est la variété des espèces sur Terre : plus il y a de biodiversité, plus la vie est riche, plus les écosystèmes se développent et prospèrent.

Toutes ces espèces, y compris les humains, dépendent les unes des autres pour leur survie, et pour la survie de leur écosystème.

Oui ! On appelle écosystème l'ensemble formé par une communauté d'êtres vivants, le milieu dans lequel ils vivent, et toutes les interactions qui peuvent s'y exercer (par exemple, la relation entre les prédateurs et leurs proies).

Chaque écosystème repose sur un équilibre fragile qui permet le développement et le maintien de la vie. Si cet équilibre est menacé, par la disparition d'une de ses espèces par exemple, tout l'écosystème peut s'effondrer.

Les gaz à effet de serre sont naturellement présents dans l'atmosphère. En capturant une partie de la chaleur du Soleil, ils rendent notre planète habitable. Mais depuis deux siècles, l'homme s'est mis à produire beaucoup trop de gaz à effet de serre. La déforestation, l'agriculture intensive… tout cela augmente l'effet de serre.

Notre atmosphère retient trop de chaleur, et la température sur Terre augmente. C'est ce qu'on appelle le réchauffement climatique – qui met les océans et leurs écosystèmes en danger !

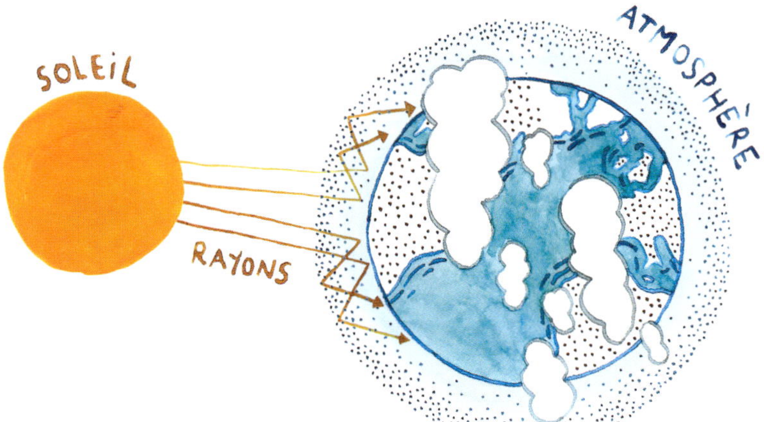

L'OCÉAN MONDIAL

L'ARCTIQUE
PLUS VITE !
EUROPE
ASIE
OCÉAN
PACIFIQUE
AFRIQUE
LA FOSSE DES
MARIANNES
LA MANGROVE
DES SUNDARBANS
LA GRANDE
BARRIÈRE
DE CORAIL
OCÉAN
INDIEN
OCÉANIE
L'OCÉAN SOUS
LE MICROSCOPE
OHÉ !

LA GRANDE BARRIÈRE DE CORAIL

La grande barrière de corail, en Australie, est le plus grand récif corallien du monde. Répartie sur 340 000 km², elle fait la taille de l'Italie ! Elle abrite l'un des écosystèmes les plus riches et les plus complexes sur Terre, avec environ 9 000 espèces d'animaux différentes.

Animal, végétal ou minéral ?

Le corail est un tout petit animal, appelé **polype**, qui vit en **colonies** de plusieurs milliers d'individus. Ces animaux, qui ressemblent à des anémones de mer miniatures, utilisent les minéraux présents dans l'eau pour créer leur squelette. C'est ce **squelette** qui donne aux récifs coralliens leurs formes incroyables.

Quant à ses belles couleurs, le corail les doit à une algue microscopique appelée **zooxanthelle**, avec qui il vit en symbiose **: le polype abrite les algues,** qui en échange produisent non seulement les pigments qui lui donnent ses couleurs vives, mais surtout les **nutriments** essentiels à sa survie.

À TON AVIS…

Quel est l'animal le plus dangereux sur cette page ?

Réponse page 37.

Le blanchissement du corail

Avec le **réchauffement climatique**, la température de l'eau augmente. Les zooxanthelles, en état de stress, se mettent à produire des substances qui sont **toxiques** pour le corail. Pour se **protéger**, celui-ci les expulse immédiatement. Il perd alors ses belles couleurs, – et sa source de nourriture principale ! Si la température de l'eau ne redescend pas rapidement, le corail finit par mourir.

Et toi dans tout ça ?

Tu te demandes comment protéger le corail depuis l'autre côté de la Terre ? Bonne nouvelle : tu peux commencer par **éteindre la lumière** en sortant d'une pièce ! En utilisant moins d'électricité à la maison, tu limiteras les émissions de **gaz à effet de serre**, qui contribuent au réchauffement de la planète.

VRAI ou FAUX

La grande barrière de corail est visible depuis l'espace.

Vrai. Grâce à sa taille gigantesque et ses quelque 3 000 récifs coralliens, elle peut être photographiée par les satellites en orbite autour de la Terre.

L'ARCTIQUE

Recouvert en hiver d'une banquise de plusieurs mètres d'épaisseur, l'océan Arctique, qui encercle le pôle Nord, abrite dans ses eaux glacées des animaux spécialisés dans la survie en milieu hostile.

VRAI OU FAUX

L'Arctique est un continent.

Faux ! En Arctique, on ne trouve que de l'eau sous la glace, alors que l'Antarctique, au pôle Sud, est un vrai continent, avec des montagnes et même des volcans sous la glace.

Les spécialistes du grand froid

En Arctique, la température varie entre **zéro degré en été** et jusqu'à **moins cinquante en hiver,** quand la nuit polaire s'installe et que le Soleil disparaît pendant plusieurs mois. Les animaux qui y vivent sont devenus **extrêmement résistants,** avec des modes de vie parfaitement adaptés à leur environnement glacial !

C'est le cas du morse, protégé du froid par sa peau imperméable recouvrant une couche de graisse isolante de quinze centimètres d'épaisseur (une vraie doudoune !), de la morue polaire, qui produit son propre **antigel,** ou encore du phoque du Groenland, qui donne naissance à ses petits et les allaite sur des îlots de glace à la dérive, à l'abri des prédateurs.

Et toi dans tout ça ?

On peut combattre le réchauffement climatique en consommant **moins d'électricité**. Par exemple, en baissant le chauffage à la maison d'un seul degré (en ajoutant un petit pull pour les frileux ou les plus fragiles), ta famille peut **économiser environ 7 % d'électricité !** Un bon moyen d'aider les ours polaires... sans bouger de chez toi, et sans avoir froid !

Un atout... ou une faiblesse ?

Les animaux de l'océan Arctique sont tellement bien **adaptés à leur environnement** que le moindre changement peut les mettre en **danger**.

C'est ce qui arrive à l'ours polaire, un **superprédateur** capable, grâce à son odorat exceptionnel, de chasser le phoque sur la banquise. Mais cet habitat **unique** et **fragile** est menacé par le **réchauffement climatique**, qui fait fondre la glace. Le terrain de chasse de l'ours polaire rétrécit d'année en année !

HISTOIRE DE FAMILLE

À quelle famille appartient l'orque ?
1. Celle des dauphins
2. Celle des baleines
3. Celle des poissons

Réponse page 37.

LE PLUS GRAND HERBIER MARIN D'EUROPE

Véritable jardin aquatique, le plus grand herbier marin d'Europe, situé dans le bassin d'Arcachon en France, est formé principalement de plantes peu connues appelées zostères, qui fleurissent et perdent même leurs feuilles… sous l'eau !

ZOSTÈRE NAINE
Pousse dans les eaux peu profondes.

ZOSTÈRE MARINE
Pousse jusqu'à 11 mètres de profondeur.

LOLA VEUT TROUVER UN SYNGNATHE…

De la même famille que l'hippocampe, on l'appelle aussi aiguille de mer… Il vit dissimulé dans les herbiers de zostère. Peux-tu en repérer un dans cette page ?

Réponse page 37.

Les zostères ? Extraordinaires !

Les zostères abritent un **écosystème** merveilleux, au sein duquel beaucoup d'animaux viennent **se reproduire**, **grandir** et **se nourrir**. Dans cette incroyable jungle sous-marine, on trouve même la plus grande concentration d'hippocampes de France !

Avec leurs feuilles et leurs racines, les zostères stabilisent le sol face aux vagues et aux courants. Elles servent aussi à retenir les particules présentes dans l'eau, agissant comme un **filtre** qui rend le milieu moins vaseux. Grâce à elles, on peut nager dans des eaux claires !

VRAI ou FAUX

Les zostères sont des algues !

Faux ! Les zostères sont bien des plantes ! Les algues, elles, n'ont ni racines ni tiges ni feuilles.

Et toi dans tout ça ?

Ta famille a prévu des vacances au bassin d'Arcachon ? Rappelle-toi, les zostères naines sont fragiles, alors évite de leur marcher dessus… à moins de porter des **patins à vase**, très utiles pour ne pas s'enfoncer – et ne pas écraser les herbiers !

Herbier en danger ?

Malgré son importance, le plus grand herbier marin d'Europe est en **danger.** Les ancres des bateaux arrachent la zostère marine, les promeneurs et les pêcheurs piétinent la zostère naine, et la pollution créée par les activités humaines comme le tourisme ou l'agriculture fragilise tout l'écosystème.

Heureusement, plusieurs zones du bassin d'Arcachon sont **protégées**, non seulement pour mieux comprendre, mais aussi pour mieux préserver ces habitats uniques et leur incroyable **biodiversité.**

Comme un caméléon, la seiche peut changer de couleur et de texture pour se camoufler dans son environnement. En moins d'une seconde, elle peut se fondre dans le décor, pour mieux surprendre ses proies, ou pour éviter ses prédateurs.

LA MANGROVE DES SUNDARBANS

La mangrove des Sundarbans est la plus grande au monde : elle couvre 10 000 kilomètres carrés, soit la taille d'un pays comme le Liban ! Véritable labyrinthe d'îlots, de vasières et de canaux à la limite de la mer et de la terre, elle se trouve entre l'Inde et le Bangladesh, face à la baie du Bengale.

À TON AVIS…

Comment le palétuvier se débarrasse-t-il du sel en contact avec ses racines ?

1. **Ses racines filtrent le sel, et n'absorbent que l'eau.**
2. **Il accumule le sel dans de vieilles feuilles qui finissent par tomber.**
3. **Il expulse le sel grâce à des glandes situées dans ses feuilles.**

Réponse page 37.

Les pieds dans l'eau

La mangrove, c'est une forêt composée de différentes espèces de palétuviers, les seuls arbres capables de pousser dans l'eau salée. À marée basse, leurs racines, qui ressemblent à des échasses, sont à l'air libre. À marée haute, elles sont submergées pendant des heures : le **refuge parfait** pour de nombreuses créatures marines !

Les animaux de cet écosystème entre terre et mer sont parfaitement adaptés à leur environnement. Le tigre du Bengale, qui vit dans la mangrove, peut chasser ses proies à la nage, parcourant des kilomètres dans l'eau. Quant au gobie sauteur, un poisson pouvant survivre à l'air libre pendant deux jours, il sait même grimper aux arbres, grâce à des nageoires semblables à des pattes…

Et toi dans tout ça ?

La majorité des **produits pétroliers**, qui sont à l'origine des marées noires, sont utilisés pour fabriquer de l'essence. En consommant moins d'essence, on peut donc réduire les risques de marée noire (et les émissions de **gaz à effet de serre** produites par les voitures). Il suffit parfois d'aller à l'école en vélo, à pied ou de prendre les transports en commun !

VRAI ou FAUX

La mangrove des Sundarbans est la seule au monde où l'on trouve des tigres.

Vrai ! Car les tigres de la mangrove des Sundarbans sont les seuls à s'être adaptés à cet environnement étrange.

Une marée pas comme les autres

La mangrove des Sundarbans joue un rôle très important pour l'homme : elle protège cette région, l'une des plus peuplées de la planète, contre les cyclones et les tsunamis en formant une **barrière** pratiquement impénétrable aux éléments.

Et pourtant, de grosses usines se sont installées aux abords de la mangrove. Des bateaux remplis de charbon, de ciment ou de pétrole les approvisionnent. Quand ils font naufrage, ils déversent dans l'eau des tonnes de produits chimiques qui polluent tout l'écosystème. En 2014, c'est un pétrolier qui s'est échoué dans la mangrove, causant ainsi une **marée noire**.

LES ÎLES GALÁPAGOS

Perdu dans l'océan Pacifique, à presque 1 000 km des côtes de l'Amérique du Sud, se trouve un véritable paradis sur Terre : l'archipel des Galápagos. Découvertes par accident il y a moins de 500 ans par un navire à la dérive, ses îles sont aujourd'hui célèbres dans le monde entier pour leurs animaux uniques et surprenants.

Ni chaud ni froid

Les îles Galápagos sont peut-être loin de tout, mais leur position, juste à l'intersection entre plusieurs grands courants marins, joue un rôle très important. Ces courants, certains chauds, d'autres froids, ont donné naissance à un **écosystème unique au monde**, où les manchots et les otaries à fourrure côtoient le corail et les poissons-perroquets !

L'isolement de l'archipel a aussi permis l'évolution de nombreuses espèces marines dites **« endémiques »**, c'est-à-dire que l'on ne trouve nulle part ailleurs. C'est le cas de presque un quart des espèces de plantes et d'animaux marins des Galápagos, comme l'iguane marin : capable de plonger jusqu'à 10 mètres de profondeur, il se nourrit presque exclusivement d'algues !

CONCOMBRES DE MER

Il y a 10 concombres de mer dans cette page... Longs et mous, ces animaux sont très importants : ils filtrent les particules en suspension dans l'eau, ce qui permet aux fonds marins de rester propres ! Peux-tu tous les repérer ?

Réponse page 37.

Et toi dans tout ça ?

De nombreuses organisations se battent pour la **conservation** des îles Galápagos et de leur incroyable **richesse biologique**. Il existe plusieurs manières de les soutenir : tu peux par exemple adopter un animal des Galápagos avec ta famille, ou même avec tes camarades de classe ! Votre manchot ou requin-marteau restera chez lui, mais votre participation aidera à préserver son habitat.

VRAI ou FAUX

Depuis la visite de Darwin en 1835, plus de 60 éruptions volcaniques ont eu lieu aux Galápagos.

Vrai ! Les îles sont en réalité une série de volcans, dont 13 sont encore actifs !

La fin de l'isolement

Pendant des siècles, les îles Galápagos n'ont été visitées que par des pirates, des aventuriers… et le naturaliste **Charles Darwin**, dont la célèbre théorie de l'évolution a d'ailleurs été inspirée par ses observations sur l'archipel en 1835.

De nos jours, en revanche, les îles sont habitées, et les activités humaines comme le tourisme ou la pêche ont favorisé l'introduction d'espèces dites **« invasives »** : algues, crabes, ou étoiles de mer, ces passagers clandestins voyagent accrochés à la coque des bateaux, et leur arrivée aux Galápagos menace les espèces locales, plus vulnérables, qui risquent même l'extinction.

LE GRAND LARGE

Au grand large, de nombreuses espèces marines passent la majorité de leur vie à nager ou flotter dans des eaux vastes et profondes, sans jamais entrer en contact ni avec les côtes ni avec le fond marin. Ces territoires énormes, qui représentent 60 % de la surface des océans, sont les plus grands écosystèmes au monde !

VRAI ou FAUX

Les dauphins ne dorment jamais.

Vrai et faux ! Les dauphins sont des mammifères qui ont besoin de remonter à la surface pour respirer. Pour ne pas se noyer en dormant, ils ont développé un système étonnant : seulement la moitié de leur cerveau s'endort, pendant que l'autre reste active, pour maintenir le dauphin à la surface !

Du bleu à perte de vue

Les eaux du grand large ne sont **pas très peuplées**, et la nourriture y est rare. Pour survivre, les habitants de cet immense **désert aquatique** doivent parfois parcourir plusieurs centaines de kilomètres par jour à la recherche de leur prochain repas. On y trouve des espèces plongeuses, comme le cachalot, et des nageurs particulièrement agiles, comme le dauphin à long bec, le requin bleu, l'espadon ou encore, le thon jaune. Ces prédateurs redoutables sillonnent les océans à la poursuite de leurs proies, par exemple la sardine ou le maquereau, qui se déplacent en bancs gigantesques pouvant peser chacun plusieurs tonnes.

Et toi dans tout ça ?

Pas de panique, il y a plusieurs moyens d'agir. Si tu habites près de la mer, tu as probablement la chance d'avoir un marché local, où ta famille pourra trouver du poisson frais, issu de la **pêche artisanale**. Sinon, renseigne-toi auprès du poissonnier sur les méthodes utilisées pour pêcher ton poisson : certaines, comme la pêche au casier ou à la ligne, ont un **impact plus faible** sur l'environnement et la biodiversité.

Un océan sans poissons ?

Les requins et les dauphins ne sont pas les seuls à chasser le poisson ! Grâce à la pêche, les océans nourrissent des milliards de gens à travers le monde. Mais les **techniques de pêche modernes** sont de plus en plus destructrices : certains bateaux déploient des **filets géants** en plein cœur de l'océan, capturant des centaines de tonnes de poissons, parfois même des dauphins, des tortues ou des oiseaux. D'autres ratissent les fonds marins à l'aide de filets lestés de lourds poids et équipés de roues, qui arrachent tout sur leur passage.

Il y a de plus en plus de bateaux et de moins en moins de poissons, qui sont pêchés avant d'avoir pu grandir et se reproduire. C'est ce que l'on appelle la **surpêche** ; la situation est si grave que le poisson pourrait devenir une denrée rare d'ici 50 ans !

LÉO A REPÉRÉ UN REQUIN…

Il y a 256 espèces de requins dans le monde ! Et sur cette page ? Aide Léo à tous les recenser.

Réponse page 37.

LA FOSSE DES MARIANNES

Loin sous la surface de l'océan Pacifique, là où la lumière du soleil ne pénètre jamais, se trouve l'endroit le plus profond du monde : la fosse des Mariannes, une fosse océanique dont le point le plus bas, « Challenger Deep », se situe à presque 11 000 mètres de profondeur !

Les abysses, c'est quoi ?

Les abysses sont les zones les plus profondes d'un océan, entre **2 000** et **11 000** mètres sous la surface. Les **zones abyssales** sont très peu connues, même si elles occupent les deux tiers de la surface de notre planète : l'absence totale de lumière, la haute pression de l'eau et le grand froid qui y règnent rendent leur exploration très difficile. Par exemple, la fosse des Mariannes est si profonde qu'elle pourrait contenir la montagne la plus haute du monde, l'Everest, tout entière. Mais si des milliers de gens ont escaladé l'Everest, seulement trois personnes au monde ont atteint le fond de la fosse des Mariannes !

Elle est pourtant peuplée d'**animaux fascinants**, capables, eux, de supporter ces **conditions extrêmes**, comme le poisson-pêcheur, qui émet une lumière bleue pour attirer ses proies dans le noir complet. Ou encore une espèce de poisson-limace pouvant nager à plus de 8 000 mètres de profondeur, où la pression est égale au poids d'un morse perché sur l'ongle de ton petit orteil !

VRAI ou FAUX

Plus de gens sont allés dans l'espace qu'au fond de la fosse des Mariannes.

Vrai ! On en sait d'ailleurs plus sur la surface de la Lune que sur les plaines abyssales des océans.

Et toi dans tout ça ?

Pour ne pas retrouver nos déchets au fond des océans, on peut les **recycler**, c'est-à-dire les transformer en nouveaux objets. Pour cela, on utilise le **tri sélectif**, qui sépare les déchets recyclables (comme le verre, le plastique ou le papier) du reste des ordures. En triant tes déchets à la maison, tu peux éviter qu'ils n'atterrissent dans les abysses, et ils pourront même servir à la fabrication d'une paire de baskets, d'une polaire, ou même d'une tente !

Un lieu inaccessible… ou presque

À **10 898 mètres** de profondeur, presque au fond de la fosse, des scientifiques japonais ont filmé… un **sac plastique** ! Comment est-il arrivé au fin fond de l'océan ? C'est simple, les humains produisent tellement de plastique que l'équivalent d'un camion poubelle par minute finit dans les océans. Pour lutter contre ce problème, de nombreux pays, dont la France, ont décidé d'**interdire** les sacs plastiques à **usage unique** (c'est-à-dire qu'on n'utilise qu'une seule fois).

À TON AVIS…

Un sac en plastique met entre 100 et 400 ans à se décomposer dans la nature, mais sais-tu combien de temps prend sa fabrication ?

1. 1 minute
2. 1 seconde
3. 1 heure

Réponse page 37.

LES KIRIBATI

À cheval sur l'hémisphère Sud et l'hémisphère Nord, en plein océan Pacifique, se trouvent les Kiribati (prononcé Ki-ri-bass), l'un des plus petits pays au monde. Ses 33 îles, éparpillées comme des confettis dans l'océan, sont presque entièrement constituées de corail !

Une oasis en pleine mer

Sur les 33 îles, regroupées en trois archipels, que comptent les Kiribati, 32 sont des **atolls** : c'est-à-dire des îles en forme d'anneau, à peine plus hautes que le niveau de la mer. Il s'agit en fait de **récifs coralliens**, sur lesquels se sont accumulés du sable et des débris, encerclant une étendue d'eau calme et peu profonde que l'on appelle un lagon.

Chaque île, son lagon et les créatures qui y vivent (y compris les humains) sont protégés du grand large par le corail, qui forme une **barrière naturelle** contre les vagues.

VRAI ou FAUX

Un quart de tous les animaux marins passent au moins une partie de leur vie dans les récifs coralliens.

Vrai ! Les récifs coralliens sont essentiels à la vie marine… et à la vie humaine, puisque environ trois milliards de gens sur Terre en dépendent pour vivre !

PIÉGÉS !

Les I-kiribati construisent des pièges à poisson traditionnels en forme de cœur, appelés maa. Les poissons y entrent facilement à marée haute, mais ne parviennent pas à retrouver la sortie à marée basse !
Peux-tu en repérer un sur cette page ?

Réponse page 37.

Et toi dans tout ça ?

Beaucoup de gens n'ont jamais entendu parler des Kiribati, et ne se rendent donc pas compte des dangers du réchauffement climatique pour l'homme. Mais les enfants aussi ont des choses à nous apprendre : tu peux partager tes connaissances en faisant un exposé sur les Kiribati à l'école, par exemple, ou en conseillant autour de toi un article sur le sujet dans ton magazine préféré.

La montée des eaux

Pour les I-Kiribati, comme on appelle les habitants des Kiribati, l'océan est une source de nourriture vitale depuis des générations. Pourtant, il est aujourd'hui devenu dangereux : avec le **réchauffement climatique** qui provoque la fonte des glaces, le niveau de la mer monte et les atolls sont menacés.

Les récifs de corail ne suffisent plus à arrêter les vagues, et les I-Kiribati sont obligés de construire des murs pour protéger leurs terres contre des marées de plus en plus hautes. Les îles, qui ne s'élèvent en moyenne qu'à deux mètres au-dessus du niveau de la mer, risquent même d'être complètement **submergées** d'ici 50 ans, forçant les I-Kiribati à quitter leur pays.

LES FORÊTS DE KELP DE CALIFORNIE

Le long des côtes de Californie, aux États-Unis, poussent d'incroyables forêts sous-marines. Hautes de trente mètres (la taille d'un petit immeuble !), elles sont formées de différentes espèces d'algues géantes, que l'on appelle le kelp.

Un écosystème à étages

Dans une forêt sous-marine, tout l'écosystème est organisé autour du kelp. Parmi les algues géantes, on trouve l'équivalent d'un **sous-bois** ombragé, quelques bosquets et même une **canopée** ensoleillée, qui flotte juste sous la surface.

Chaque **« étage »** de la forêt abrite ses propres habitants : à la surface, la loutre de mer s'entortille dans les feuilles de kelp géant pour ne pas dériver dans le courant. Tout au fond, l'ormeau rouge, un escargot de mer, peut atteindre 30 centimètres de long !

VRAI ou FAUX

Les kelps géants poussent jusqu'à la surface grâce à un tronc solide, comme les arbres.

Faux ! Ce sont de petits flotteurs pleins de gaz qui permettent au kelp géant d'atteindre la surface. Un peu comme si chaque feuille avait sa propre petite bouée !

Et toi dans tout ça ?

Toi aussi, tu peux aider à défendre le kelp contre les envahisseurs... En plantant un arbre, chez toi ou à l'école ! Il absorbera une partie du **CO_2** contenu dans l'atmosphère et le remplacera par de l'oxygène. Avec moins de CO_2 dans l'air, les océans seront moins acides, et les forêts sous-marines plus résistantes !

Des envahisseurs acharnés

Les océans absorbent près du tiers du gaz carbonique (CO_2) rejeté dans l'atmosphère par les activités humaines. Cela rend l'océan de plus en plus **acide** et favorise le développement de véritables tapis d'algues au fond de l'eau, qui empêchent le kelp de pousser, et peuvent même complètement le remplacer.

Déjà affaiblies ainsi, les forêts sous-marines doivent en plus faire face à un autre envahisseur : **l'oursin pourpre**. Ce petit animal se nourrit de kelp, avant d'être à son tour mangé par la loutre de mer. Mais les loutres avaient presque disparu après avoir été longtemps chassées pour leur fourrure. Sans elles, les oursins se sont multipliés, dévorant tout le kelp sur leur passage ! Heureusement, les loutres sont aujourd'hui protégées. En mangeant beaucoup d'oursins, dont elles cassent la coquille avec une pierre, elles contrôlent l'invasion et rééquilibrent l'écosystème.

CACHE-CACHE

La cachette préférée de la pieuvre rouge se trouve parmi les rochers sur lesquels le kelp est ancré. Sauras-tu repérer ici cette experte du camouflage ?

Réponse page 37.

L'OCÉAN SOUS LE MICROSCOPE

Dans tous les océans dérivent des organismes microscopiques essentiels à la vie. On les appelle le plancton : c'est l'une des sources d'oxygène principales sur la planète, et la base de toute la chaîne alimentaire marine !

Le premier maillon

Tout en bas de la chaîne alimentaire marine, on trouve le **phytoplancton** : des algues microscopiques qui fabriquent leur propre nourriture grâce à la **photosynthèse** – produisant au passage la moitié de notre oxygène ! Le phytoplancton est mangé par le **zooplancton**, formé d'animaux minuscules, qui finit lui-même dans le ventre de petits poissons, comme la sardine ou le hareng. Ces derniers sont alors chassés par de grands prédateurs, comme le dauphin ou le requin. Directement ou indirectement, le plancton soutient donc toutes les espèces marines, de la plus petite crevette à l'orque la plus imposante !

VRAI ou FAUX

Les hommes produisent tellement de déchets qu'un continent de plastique s'est formé dans l'océan Pacifique.

Faux ! Il existe bien un vortex de déchets dans le Pacifique, mais ce n'est pas vraiment un continent solide, ou une île. Il s'agit plutôt d'une « soupe » de micro-plastique, formée de milliards de particules en suspension dans l'eau. À certains endroits, il y a même plus de plastique que de plancton !

Et toi dans tout ça ?

Tu sais déjà que le **recyclage** est très important pour éviter que le plastique ne finisse dans les océans. Mais il y a d'autres bonnes habitudes à prendre : refuser les pailles en plastique dans tes boissons, remplir ta gourde au robinet plutôt que d'acheter une bouteille d'eau minérale, ou manger ta glace dans un cône plutôt que dans un petit pot avec une cuillère en plastique !

Trouvez l'intrus…

Le plastique, une fois dans l'eau, ne se dégrade pas, mais se fragmente en morceaux de plus en plus petits, jusqu'à devenir ce qu'on appelle du **micro-plastique**. Ce micro-plastique, en suspension dans l'océan, ressemble énormément à du plancton. Les petits animaux qui se nourrissent habituellement de **plancton** sont incapables de faire la différence, et le plastique finit dans leur estomac, puis dans celui de leurs prédateurs… et jusque dans nos assiettes.

Les morceaux de plastique qui n'ont pas encore été fragmentés par les vagues ou le soleil sont tout aussi dangereux : ils peuvent emprisonner ou étouffer les tortues, les oiseaux, ou même les phoques. Quant aux animaux qui les mangent par erreur, ils risquent de mourir de faim, l'estomac plein de plastique impossible à digérer.

À TON AVIS…

Pourquoi les tortues mangent-elles les sacs plastiques ?

1. Les tortues mangent n'importe quoi !
2. Elles essayent de se libérer après s'être entortillées dans un sac.
3. Elles confondent les sacs avec des méduses.

Réponse page 37.

QUE PEUT-ON FAIRE POUR PROTÉGER LES OCÉANS ?

Au-delà des conseils et des idées que tu as déjà découverts dans ce livre, il y a beaucoup d'autres actions que nous, les humains, pouvons engager pour protéger les océans. Certaines solutions demandent un effort collectif, d'autres peuvent êtres accomplies individuellement. Alors, à la maison, à l'école ou au travail, seul ou en groupe, que peut-on faire pour aller plus loin dans la défense des océans ?

ÉCONOMISER

L'ÉNERGIE

Faire des économies d'énergie, c'est réduire nos émissions de gaz à effet de serre. Tu sais déjà qu'on peut éteindre les lumières quand on sort d'une pièce, ou baisser le chauffage en hiver, mais il existe d'autres moyens d'économiser l'énergie. Par exemple, on peut :

- Opter pour un fournisseur d'énergie verte (qui privilégie les énergies renouvelables comme le soleil, l'eau et le vent) ou même installer des panneaux solaires sur le toit !
- Bien isoler les bâtiments, pour avoir moins besoin d'utiliser le chauffage ou la climatisation.
- Acheter des produits électroménagers (comme les réfrigérateurs ou les machines à laver) à faible consommation énergétique, c'est-à-dire qui utilisent peu d'électricité pour fonctionner.

L'EAU

L'eau est une ressource naturelle très importante pour la planète tout entière. De nombreuses espèces en dépendent, y compris nous, les humains ! Pour l'économiser, on peut :

- Prendre une douche plutôt qu'un bain.
- Ne pas laisser couler l'eau du robinet quand on se lave les mains ou les dents.
- Attendre que le lave-vaisselle ou le lave-linge soit bien plein avant de le mettre en marche.

CONSOMMER

En faisant les courses, on peut décider d'acheter des produits qui sont meilleurs pour les océans : leur culture et leur transport utilisent moins d'énergie, et produisent moins de déchets. Pour cela, on peut :

- Choisir de réduire sa consommation de viande et de poisson, ou devenir végétarien.
- Manger des fruits et des légumes de saison, si possible cultivés dans la région.
- Préférer des produits avec pas ou peu d'emballages.

SE FAIRE ENTENDRE

Ton avis et celui de tes proches ont bien plus d'impact que tu ne l'imagines ! En exprimant notre envie de protéger les océans à ceux qui ont le pouvoir de changer les choses, comme les gouvernements par exemple, on peut favoriser des décisions très importantes pour la planète. Pour faire entendre sa voix, on peut :

• Envoyer une lettre ou un email à un élu du gouvernement.

• Participer à des marches pour le climat, ou à des manifestations pour la sauvegarde des océans.

• Exprimer son opinion (respectueusement) autour de soi, en discuter avec ses proches.

BOUGER

Tu sais déjà qu'on peut limiter nos émissions de gaz à effet de serre en prenant les transports en commun, en marchant ou en faisant du vélo. Mais on peut aussi :

• Vivre sans voiture (si on habite en ville), ou choisir une voiture à faible consommation d'énergie.

• Éviter de prendre l'avion.

• Faire du co-voiturage pour aller au travail, à l'école, ou en vacances.

SOUTENIR

Beaucoup de gens se battent tous les jours pour protéger les océans, aussi bien à l'échelle mondiale qu'à l'échelle locale. Pour les soutenir, on peut :

• Faire un don à l'organisme ou à l'association de son choix.

• Devenir bénévole et participer aux événements organisés par les différents groupes présents dans notre ville ou région (collecte de déchets, nettoyage des plages...).

• Signer les pétitions en faveur de la protection des océans.

Quelques sites utiles :

Planète Mer : www.planetemer.org
Surfrider : www.surfrider.eu
Greenpeace Océans : www.greenpeace.fr/protection-des-oceans
WWF Océans : www.wwf.fr/champs-daction/ocean
Le club Panda de WWF : www.club-panda.fr
Coral Guardian : www.coralguardian.org
Lemonsea : lemonsea.org/fr
Bloom : www.bloomassociation.org
Sea Shepherd : www.seashepherd.fr
Tara Expéditions : oceans.taraexpeditions.org/m/education

RÉDUIRE, RÉPARER, RECYCLER, RÉUTILISER

Tu as déjà découvert à quel point réduire nos déchets est important pour les océans. Pour cela, il y a bien sûr le recyclage, mais on peut aussi :

• Réduire notre consommation en achetant moins d'objets neufs.

• Réparer les objets cassés au lieu de les jeter.

• Réutiliser habits, meubles ou objets, en achetant d'occasion.

QU'EST-CE QUE ÇA VEUT DIRE ?

Acidification des océans

L'océan absorbe près du tiers du dioxyde de carbone rejeté dans l'atmosphère par les activités humaines.
Le dioxyde de carbone est un gaz acide, et sa présence en grande quantité dans l'océan entraîne un changement dans la composition chimique de l'eau, qui s'acidifie.
Depuis la révolution industrielle, **l'acidification de l'océan a augmenté de presque 30 %**.
Cela cause de nombreux problèmes : les coquilles des petits animaux marins risquent de se dissoudre dans l'eau, et le corail a de plus en plus de mal à former son squelette.

Archipel

Un archipel est un ensemble d'îles plus ou moins proches les unes des autres. **Il peut contenir des milliers d'îles, ou juste une dizaine.**

Banquise

La banquise est une couche de glace qui flotte sur l'océan. Elle se forme quand la surface de l'eau se met à geler, à -1,8 degré. Il existe deux types de banquise, **la banquise pérenne**, présente toute l'année, et **la banquise saisonnière**, qui fond au printemps et se reforme en hiver.
Par endroits, la banquise pérenne peut atteindre **jusqu'à 5 mètres d'épaisseur !** Elle n'existe qu'en Arctique, tandis qu'on trouve une banquise saisonnière aux deux pôles.

Biodiversité

La biodiversité, c'est la variété des espèces sur Terre : **plus il y a de biodiversité, plus la vie est riche**, plus les écosystèmes se développent et prospèrent. Cela permet le maintien de ressources essentielles à la vie, comme l'air, l'eau ou la nourriture. Toutes ces espèces, y compris les humains, dépendent les unes des autres pour leur survie, et pour la survie de leur écosystème.
Quand une espèce d'animal ou de plante disparaît, d'autres espèces peuvent donc être affectées.
La biodiversité est alors moins riche, les écosystèmes sont affaiblis (voire détruits), et par endroits, seules les espèces les plus résistantes parviennent à survivre.

Chaîne alimentaire

Une chaîne alimentaire est une suite d'organismes vivants où chaque espèce est mangée par la suivante.
Par exemple, l'herbe est mangée par un lapin, qui est ensuite mangé par un loup. Sous l'océan, le premier maillon de la chaîne est souvent **le phytoplancton** (ou plancton végétal). Tout en haut de la chaîne alimentaire, on trouve les superprédateurs comme l'ours polaire, l'orque ou l'homme, qui ne sont la proie d'aucune autre espèce animale.

CO_2

Le dioxyde de carbone, ou gaz carbonique, est un gaz présent naturellement sur la planète. Il est d'ailleurs essentiel à la vie puisqu'il permet la photosynthèse.
Mais les activités humaines produisent trop de CO_2 !
Ces émissions excessives sont en grande partie responsables du réchauffement climatique.

Écosystème

On appelle écosystème l'ensemble formé par une communauté d'êtres vivants, le milieu dans lequel ils vivent, et toutes les interactions qui peuvent s'y former (par exemple, la relation entre les prédateurs et leurs proies). **Chaque écosystème repose sur un équilibre fragile** qui permet le développement et le maintien de la vie.
Si cet équilibre est menacé, par la disparition d'une de ses espèces par exemple, tout l'écosystème peut s'effondrer.

Écologie

À l'origine, l'écologie est la science qui étudie l'environnement et les interactions entre tous les êtres vivants. Mais il s'agit également d'une **façon de vivre en équilibre avec la nature**, en protégeant notre environnement et en conservant les ressources naturelles de notre planète.

Énergies fossiles

Les énergies fossiles comme le charbon, le pétrole ou le gaz naturel proviennent de la fossilisation des plantes et des animaux, qui se sont décomposés il y a des millions d'années. Pour les trouver, il faut souvent creuser sous terre, et parfois même sous la mer. Aujourd'hui, elles représentent **plus de 80 % de l'énergie utilisée dans le monde !** Pourtant, il

s'agit d'énergies non renouvelables, c'est-à-dire que leurs réserves sur la planète sont limitées.
Pour obtenir de l'électricité, de l'essence ou du chauffage, on les fait brûler, ce qui produit du dioxyde de carbone, un gaz à effet de serre qui contribue au réchauffement climatique – lequel met les océans en danger.

Énergies renouvelables

Les énergies renouvelables, comme le soleil, l'eau ou le vent, sont **inépuisables**. La nature les renouvelle en permanence et, contrairement aux énergies fossiles, leurs réserves sont illimitées !
De plus, elles ne génèrent pas de gaz à effet de serre, et ne contribuent donc pas au réchauffement dangereux de la planète.

Environnement

L'environnement est l'ensemble des éléments naturels qui entourent les êtres vivants.
C'est notre environnement qui fournit les **ressources naturelles essentielles à notre survie**, comme l'eau, l'air et la nourriture. La dégradation de notre environnement a des conséquences négatives non seulement pour l'homme, mais pour la planète en général.

Évolution

La théorie de l'évolution des êtres vivants a été découverte par **Charles Darwin**, un naturaliste et biologiste anglais, en 1859. Elle repose sur l'idée, confirmée depuis par la science moderne, que la nature favorise la survie des individus les mieux adaptés à leur environnement. Ces derniers peuvent alors transmettre leurs gènes à la génération suivante. C'est ce qu'on appelle **la sélection naturelle**. Petit à petit, avec chaque nouvelle génération, une espèce peut donc évoluer : changer de couleur, de régime alimentaire ou de taille !

Fosse océanique

Une fosse océanique est une zone très profonde, longue et étroite, qui borde soit un continent, soit un archipel en plein milieu des océans. C'est le cas de la fosse des Mariannes, qui se trouve près de l'Archipel... des Mariannes !

Gaz à effet de serre

Les gaz à effet de serre, comme le dioxyde de carbone, sont naturellement présents dans l'atmosphère. En capturant une partie de la chaleur du Soleil, ils rendent notre planète habitable et maintiennent une température favorable à la vie. Il s'agit donc d'un phénomène naturel !
Mais depuis la révolution industrielle, **l'homme s'est mis à produire beaucoup trop de gaz à effet de serre**. La combustion d'énergies fossiles, la déforestation, l'agriculture intensive... Tout cela amplifie l'effet de serre. Notre atmosphère retient donc plus de chaleur, et la température sur Terre augmente. C'est pour cela que l'on parle de réchauffement climatique.

Mammifère

Les mammifères sont des animaux vertébrés (= avec un squelette) dont les femelles nourrissent leurs petits grâce au lait qu'elles produisent.

Marée

La marée est un phénomène causé par la Lune et le Soleil, qui exercent leur gravité sur notre planète.
La gravité agit sur les océans comme un gros aimant, qui fait monter ou descendre le niveau de l'eau à intervalles réguliers.

Marée noire

On parle de marée noire quand de grandes quantités de pétrole sont déversées dans la mer. Cela peut arriver après le naufrage d'un pétrolier (les bateaux qui transportent le pétrole), ou suite à des dégâts sur une plate-forme pétrolière (construction à la surface de la mer servant à extraire le pétrole).
Les marées noires sont de véritables catastrophes : le pétrole, porté par les courants, peut se répandre sur des kilomètres et mettre en danger des écosystèmes entiers.

Pêche durable ou responsable

On dit que la pêche est durable, ou responsable, quand elle prend en compte le respect de l'environnement, et ne menace pas la biodiversité ou les écosystèmes marins.
Les ressources naturelles de la mer sont alors **exploitées de manière raisonnable, en laissant le temps aux espèces de se reproduire**, pour que les générations futures puissent aussi en bénéficier.
Ce n'est pas le cas de la surpêche, dont les méthodes déciment les populations de poissons et détruisent les fonds marins.

Photosynthèse

Les plantes contiennent de la **chlorophylle**, un pigment vert qui leur permet de capter la lumière du Soleil. Grâce à cette lumière, elles transforment le dioxyde de carbone de l'air en sucres, qui leur permettent de pousser.
Ce processus produit aussi de l'oxygène, qui est rejeté par la plante dans l'atmosphère.

Pression de l'eau

Sous l'océan, le poids de l'eau pèse sur les organismes, sur le corps des plongeurs, ou sur la coque des sous-marins. Cette force s'appelle la pression de l'eau.
Plus on va profond, plus le poids de l'eau au-dessus est élevé, et plus la pression augmente. Au fond de la fosse des Mariannes, par exemple, la pression est **mille fois plus élevée qu'à la surface !**

Réchauffement climatique

On parle de réchauffement climatique quand on constate une augmentation de la température moyenne de l'atmosphère et des océans dans le monde entier, et pendant plusieurs années. Les changements climatiques sont un phénomène naturel et ont toujours existé, avec des périodes où la température sur Terre baisse ou grimpe durablement ; mais **le réchauffement climatique actuel est en grande partie dû aux activités humaines récentes** qui augmentent rapidement les émissions de gaz à effet de serre.

Révolution industrielle

La révolution industrielle est une **période historique allant du XVIIIe au XXe siècle**.
Au cours de cette période, de nombreux pays se sont modernisés, en développant l'industrie
(= la production d'objets par des machines dans des usines).
Grâce à de nombreuses inventions, comme la machine à vapeur ou l'électricité, la vie dans ces pays a été complètement transformée.

C'est aussi à cette période que les hommes ont découvert comment exploiter le charbon ou le pétrole, responsables en grande partie du réchauffement climatique actuel.

Superprédateur

Un superprédateur est un **animal qui n'a aucun prédateur naturel**, c'est-à-dire qu'à l'âge adulte, il n'est la proie d'aucun autre animal.
Il se caractérise souvent par une grande taille, des mâchoires puissantes, ou des dents acérées.
Sur Terre, le lion et l'ours sont des superprédateurs, et sous l'eau, c'est le cas du grand requin blanc ou de l'orque.

Symbiose

La symbiose désigne l'association entre deux organismes vivants, issus d'espèces différentes, qui tirent de leur cohabitation des **bénéfices mutuels**.
Cela peut être une protection contre les prédateurs, ou une source de nourriture. L'organisme le plus grand s'appelle l'hôte, et le plus petit, le symbiote. Le corail est un bon exemple de symbiose.

Vortex de déchets

Il existe plusieurs vortex de déchets sur la planète, le plus connu étant celui qu'on trouve dans le Pacifique Nord.
Ces vortex se créent grâce au phénomène naturel des gyres océaniques, **d'énormes tourbillons** formés par les courants marins, dans lesquels les déchets se retrouvent emportés. Ils finissent par atteindre le centre du tourbillon, où ils s'accumulent petit à petit.
À ce stade, ils ont déjà été fragmentés par le Soleil et les vagues, et le centre du tourbillon se transforme en **une sorte de soupe de micro-plastique**.

RÉPONSES AUX JEUX

GRANDE BARRIÈRE DE CORAIL (P. 12-13)

À TON AVIS...

Quel est l'animal le plus dangereux sur cette page ?

Réponse : La pieuvre à anneaux bleus, qui malgré sa petite taille (à peine 10 à 15 cm), est réputée pour son venin extrêmement dangereux !

ARCTIQUE (P. 14-15)

HISTOIRE DE FAMILLE

À ton avis, à quelle famille appartient l'orque ?

Réponse : 3. La famille des dauphins ! L'orque, malgré sa taille, n'appartient pas à la famille des baleines. En effet, elle est dotée de dents, alors que les baleines, elles, ont des fanons.

HERBIER MARIN D'EUROPE (P. 16-17)

LOLA VEUT TROUVER UN SYNGNATHE...

Réponse : De la même famille que l'hippocampe, on l'appelle aussi aiguille de mer... Le voici, dissimulé dans les herbiers de zostères.

MANGROVE DES SUNDARBANS (P. 18-19)

À TON AVIS...

Comment le palétuvier se débarrasse-t-il du sel en contact avec ses racines ?

Réponse : 1, 2 ou 3, selon l'espèce de palétuvier !

ÎLES GALÁPAGOS (P. 20-21)

CONCOMBRES DE MER

Réponse : Voici les 10 concombres de mer présents dans cette page.

LES ÎLES GALÁPAGOS

Perdu dans l'océan Pacifique, à presque 1 000 km des côtes de l'Amérique du Sud, se trouve un véritable paradis sur Terre : l'archipel des Galápagos. Découvertes par accident il y a moins de 500 ans par un navire à la dérive, ses îles sont aujourd'hui célèbres dans le monde entier pour leurs animaux uniques et surprenants.

Ni chaud ni froid

Les îles Galápagos sont peut-être loin de tout, mais leur position, juste à l'intersection entre plusieurs grands courants marins, joue un rôle très important. Ces courants, certains chauds, d'autres froids, ont donné naissance à un **écosystème unique au monde**, où les manchots et les otaries à fourrure côtoient le corail et les poissons-perroquets !

L'isolement de l'archipel a aussi permis l'évolution de nombreuses espèces marines dites **« endémiques »**, c'est-à-dire que l'on ne trouve nulle part ailleurs. C'est le cas de presque un quart des espèces de plantes et d'animaux marins des Galápagos, comme l'iguane marin : capable de plonger jusqu'à 10 mètres de profondeur, il se nourrit presque exclusivement d'algues !

COMCOMBRES DE MER

Il y a 10 concombres de mer dans cette page... Longs et mous, ces animaux sont très importants : ils filtrent les particules en suspension dans l'eau, ce qui permet aux fonds marins de rester propres ! Peux-tu tous les repérer ?

Réponse page 37.

Et toi dans tout ça ?

De nombreuses organisations se battent pour la **conservation** des îles Galápagos et de leur incroyable **richesse biologique**. Il existe plusieurs manières de les soutenir : tu peux par exemple adopter un animal des Galápagos avec ta famille, ou même avec tes camarades de classe ! Votre manchot ou requin-marteau restera chez lui, mais votre participation aidera à préserver son habitat.

VRAI ou FAUX

Depuis la visite de Darwin en 1835, plus de 60 éruptions volcaniques ont eu lieu aux Galápagos.

La fin de l'isolement

Pendant des siècles, les îles Galápagos n'ont été visitées que par des pirates, des aventuriers... et le naturaliste **Charles Darwin**, dont la célèbre théorie de l'évolution a d'ailleurs été inspirée par ses observations sur l'archipel en 1835.

De nos jours, en revanche, les îles sont habitées, et les activités humaines comme le tourisme ou la pêche ont favorisé l'introduction d'espèces dites **« invasives »** : algues, crabes, ou étoiles de mer, ces passagers clandestins voyagent accrochés à la coque des bateaux, et leur arrivée aux Galápagos menace les espèces locales, plus vulnérables, qui risquent même l'extinction.

GRAND LARGE (P. 22-23)

LÉO A REPÉRÉ UN REQUIN...

Réponse : Voici les 4 espèces de requins présentes dans cette page.

FOSSE DES MARIANNES (P. 24-25)

À TON AVIS...

Un sac en plastique met entre 100 et 400 ans à se décomposer dans la nature. Mais sais-tu combien de temps prend sa fabrication ?

Réponse : 2. Seulement une seconde ! Pendant le temps nécessaire à la dégradation d'un seul sac plastique, on peut donc en produire des milliards !

KIRIBATI (P. 26-27)

PIÉGÉS !

Réponse : Les I-kiribati construisent des pièges à poisson traditionnels en forme de cœur, appelés *maa*. Les poissons y entrent facilement à marée haute, mais ne parviennent pas à retrouver la sortie à marée basse ! En voici un :

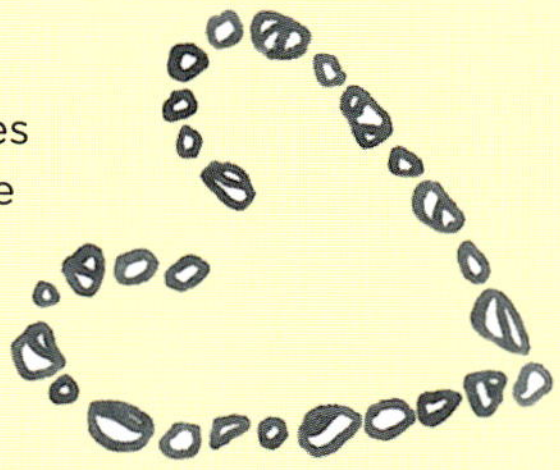

FORÊT DE KELPS DE CALIFORNIE (P. 28-29)

CACHE-CACHE

Réponse : La cachette préférée de la pieuvre rouge se trouve parmi les rochers sur lesquels le kelp est ancré. Voici cette experte du camouflage :

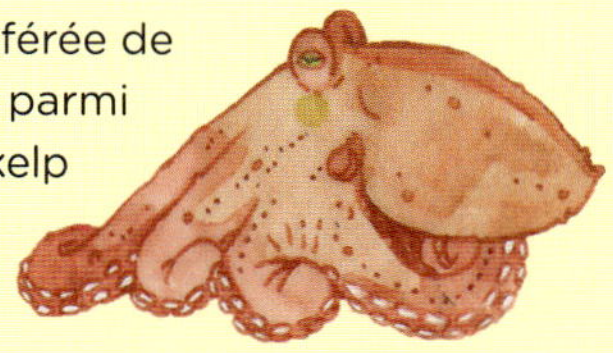

L'OCÉAN SOUS LE MICROSCOPE (P. 30-31)

À TON AVIS...

Pourquoi les tortues mangent-elles les sacs plastiques ?

Réponse : 3. Les sacs plastiques qui flottent dans l'eau ressemblent énormément à des méduses, dont les tortues sont friandes !